Maman, je t'aime
365 messages d'amour

Par Alexandra Metivar

57, rue Gaston-Tessier – 75019 Paris
www.editions365.eu
ISBN 978-2-38382-792-4

Média Diffusion. Distribution MDS.
Imprimé en RPC en mai 2025.
Dépôt légal : août 2025
N° d'édition : 25L0366

MIXTE
Papier | Pour une gestion forestière responsable
FSC® C007683
FSC
www.fsc.org

L'imprimeur utilise du papier certifié FSC® issu de forêts gérées durablement, d'autres sources contrôlées et des encres végétales respectueuses de l'environnement.

Maman, tu es mon cœur qui bat en dehors de moi.

1 JANVIER

« Dieu ne pouvait pas être partout, alors il a créé les mères. »

Proverbe juif

2 JANVIER

Maman, tu es mon encyclopédie de la vie, toujours ouverte.

3 JANVIER

Maman, tu es mon bouclier contre les soucis.

4 JANVIER

« Les mères sont les véritables architectes de la société. »

Harriet Beecher Stowe

5 JANVIER

Merci d'avoir toujours tenu ma main, dans les bons comme les mauvais moments.

6 JANVIER

Maman, tu apportes une touche spéciale à chaque fête.

7 JANVIER

Maman, tu m'as appris à aimer les livres et la connaissance.

8 JANVIER

Merci d'avoir posé les fondations de ma vie et de me guider tout au long de ce chemin.

9 JANVIER

Maman, tu es mon soutien indéfectible, peu importent les obstacles.

10 JANVIER

Maman, tu es mon âme sœur de cœur.

11 JANVIER

Maman, tu es mon phare dans la nuit.

12 JANVIER

« Respecter sa mère,
c'est respecter la vie. »

Jean Gastaldi

13 JANVIER

Maman, ta protection me fait me sentir invincible.

14 JANVIER

Maman, merci de rendre chaque jour plus lumineux.

15 JANVIER

**Maman,
tes enseignements
m'accompagnent
chaque jour.**

16 JANVIER

« Aucune mère n'est dupe quand on joue faux. »

Pam Brown

17 JANVIER

Maman, merci d'être toujours là, peu importe la distance.

18 JANVIER

Maman, ton affection est mon bouclier.

19 JANVIER

Maman, notre complicité me fait sourire chaque jour.

20 JANVIER

« Amours de nos mères, à nul autre pareil. »

Albert Cohen

21 JANVIER

Merci, maman, de m'avoir appris à rêver et à persévérer.

22 JANVIER

Maman, tu es mon garde du corps de cœur.

23 JANVIER

Maman, tu es mon havre de paix.

24 JANVIER

Maman, notre connexion est une mélodie douce.

25 JANVIER

Merci, maman, de m'aider à garder la tête haute.

26 JANVIER

Maman, tes paroles sont mes manuels de vie.

27 JANVIER

Maman, ton amour se manifeste à travers tes sacrifices.

28 JANVIER

Maman, tu m'as appris à respecter et à aimer les autres.

29 JANVIER

Maman, ta patience infinie mérite un prix Nobel.

30 JANVIER

Maman, notre complicité est unique et précieuse.

31 JANVIER

Maman, ton dévouement est un exemple de générosité.

1 FÉVRIER

Maman, ta protection est un trésor de sérénité.

2 FÉVRIER

Maman, tu m'as appris l'importance de la gentillesse.

3 FÉVRIER

**Merci, maman,
de toujours croire en moi.**

4 FÉVRIER

Maman, notre connexion est un trésor de douceur.

5 FÉVRIER

Pour m'avoir tout appris,
pour m'avoir soutenu·e et aimé·e...
MERCI !

6 FÉVRIER

Maman, merci pour les innombrables petites choses qui font une grande différence.

7 FÉVRIER

Maman, tu es toujours là, même quand cela demande des sacrifices.

8 FÉVRIER

Maman, tu m'as montré
la valeur de l'honnêteté.

9 FÉVRIER

Maman, tu es l'étoile qui brille le plus fort dans mon ciel, me permettant de traverser chaque moment de ma vie.

10 FÉVRIER

Maman, tu es mon miracle quotidien.

11 FÉVRIER

Maman, tu es la seule personne qui peut me faire rire même quand j'ai envie de pleurer.

12 FÉVRIER

Maman, tu es ma gardienne.

13 FÉVRIER

Ma douce maman,
tu n'imagines pas combien
tu es aimée.

14 FÉVRIER

Maman, ton dévouement est une inspiration quotidienne.

15 FÉVRIER

Il n'y a pas de plus beau cadeau que l'amour que tu me donnes chaque jour.

16 FÉVRIER

« Une maman est semblable à une rose qui ne se fane jamais. »

Jean Gastaldi

17 FÉVRIER

Merci, maman,
pour ta tendresse et
ton soutien indéfectible.

18 FÉVRIER

Maman, tu es une source inépuisable de sacrifices et d'amour.

19 FÉVRIER

« Le cœur d'une mère est le chef-d'œuvre de la nature. »

André Grétry

20 FÉVRIER

Maman, tu es ma meilleure conseillère, tu as toujours la bonne réponse.

21 FÉVRIER

**Merci, maman,
pour chaque moment partagé
et chaque souvenir.**

22 FÉVRIER

Maman, tu es ma super-héroïne mais sans le costume.

23 FÉVRIER

« Le cœur d'une mère est un abîme au fond duquel se trouve toujours un pardon. »

Honoré de Balzac

24 FÉVRIER

Maman, je ne te remercierai jamais assez d'être un tel exemple pour moi.

25 FÉVRIER

Maman, tu es mon phare quand je suis perdu·e.

26 FÉVRIER

Maman, tu m'a offert la meilleure vie qui soit.

27 FÉVRIER

« Une mère, c'est vaste comme le monde. Elle est l'univers de chaque enfant qu'elle a porté. »

Pierre Karch

28 FÉVRIER

**Maman, tu es
mon conte de fées.**

1 MARS

De toutes les mamans du monde,
j'ai tellement de chance que
tu sois la mienne !

2 MARS

Maman, grâce à toi, j'ai compris que je pourrais être tout ce que je voudrais.

3 MARS

Maman, notre complicité est un trésor caché.

4 MARS

Maman, tu es l'incarnation de la tendresse.

5 MARS

Maman, grâce à toi, mon jardin fleurit et mon avenir s'illumine chaque jour davantage.

6 MARS

Maman, ton amour est ma lumière dans l'obscurité.

7 MARS

Maman, tu m'as appris qu'une personne qui se bat pour ses droits et ses valeurs n'a jamais à s'excuser pour qui elle est.

8 MARS

Maman, tu es comme un livre que j'ai lu et relu, mais dont je découvre encore des pages nouvelles et fascinantes.

9 MARS

Maman, tes conseils sont la boussole de ma vie.

10 MARS

Une maman formidable, c'est la garantie d'enfants exceptionnels.

11 MARS

Maman, ce que je préfère chez moi, ce sont toutes ces petites choses qui viennent de toi.

12 MARS

Maman, tes leçons de vie sont inestimables.

13 MARS

Maman, tu es mon rocher
solide lorsque les vagues
se déchaînent.

14 MARS

Maman, si l'amour avait une forme, ce serait la tienne : douce, infinie et capable de panser tous les maux.

15 MARS

Maman, tu es ma complice dans les moments de folie.

16 MARS

Maman, tu es mon meilleur coach de vie.

17 MARS

Maman, ton soutien est mon armure contre les défis de la vie.

18 MARS

Maman, tu es ma confidente.

19 MARS

Maman, tu es mon amie la plus précieuse.

20 MARS

Maman, notre connexion est un fil d'or.

21 MARS

Maman, tu es mon rempart contre les tempêtes.

22 MARS

Maman, il me faudrait l'éternité pour te dire à quel point je te trouve extraordinaire et combien je t'aime.

23 MARS

Maman, ton amour est le plus beau des cadeaux.

24 MARS

Maman, tu m'as appris à faire preuve de courage.

25 MARS

Maman, tu es mon bastion de tranquillité.

26 MARS

Merci, maman, de m'avoir appris que la liberté est non négociable et qu'aucune limite ne devrait restreindre mes rêves.

27 MARS

Maman, tu es mon remède contre la peur.

28 MARS

Maman, si j'étais un arbre, tu serais la racine qui m'ancre profondément, me permettant de grandir, m'épanouir et me sentir toujours en sécurité.

29 MARS

Maman, ton soutien me donne le courage d'affronter le monde.

30 MARS

Maman, tu es ma meilleure alliée dans la vie.

31 MARS

Maman, quand je me regarde dans le miroir, je vois un peu de toi à chaque reflet, et je comprends que j'ai hérité de la plus belle des empreintes.

1 AVRIL

« La maternité a un effet très humanisant. Tout se résume à l'essentiel. »

Meryl Streep

2 AVRIL

Maman, ta protection est mon rempart.

3 AVRIL

Maman, tu es la recette secrète qui rend ma vie tellement plus savoureuse : un peu de douceur, un zeste de courage et une énorme dose d'amour !

4 AVRIL

« Les mères tiennent les mains de leurs enfants pour un moment, mais leurs cœurs pour toujours. »

Anonyme

5 AVRIL

Maman, notre connexion est un trésor inestimable.

6 AVRIL

« L'avenir d'un enfant est
l'œuvre de sa mère. »

Napoléon Bonaparte

7 AVRIL

Maman, tu es la couture invisible qui tient tout ensemble dans ma vie, chaque fil que tu as tissé autour de moi m'aide à être plus fort·e.

8 AVRIL

Maman, tu es la personne qui rend mes rêves plus grands et mes peurs plus petites.

9 AVRIL

« J'ai besoin de ma mère comme d'un exemple à suivre. »

Anne Frank

10 AVRIL

Maman, tes câlins sont ma meilleure thérapie.

11 AVRIL

Maman, tu n'as pas seulement rempli ma vie d'amour, tu l'as remplie de sens.

12 AVRIL

Maman, tu m'as appris à être fort·e et gentil·le.

13 AVRIL

Maman, ton amour est l'ingrédient secret de mon bonheur.

14 AVRIL

Maman, ton sourire illumine mes journées.

15 AVRIL

Maman, tes encouragements sont mon vent favorable.

16 AVRIL

Maman, ton dévouement est un cadeau précieux.

17 AVRIL

Maman, chaque moment festif est plus doux grâce à toi.

18 AVRIL

Une maman, c'est une oreille qui écoute, des bras qui consolent et un regard qui redonne espoir.

19 AVRIL

Maman, tu es l'oxygène de mon existence : indispensable.

20 AVRIL

Ta sagesse a guidé mes pas, merci, maman.

21 AVRIL

Maman, notre connexion est un lien spécial.

22 AVRIL

Maman, merci pour ton amour inconditionnel et ta présence rassurante.

23 AVRIL

Maman, tu es ma première amie, mon premier amour, mon premier tout.

24 AVRIL

Maman, notre complicité est une symphonie de bonheur.

25 AVRIL

**Les mères, c'est l'amour incarné,
l'infini dans un sourire,
la douceur dans un câlin.**

26 AVRIL

Ta force m'a appris à ne jamais abandonner, merci, maman.

27 AVRIL

À mes yeux, tu seras toujours la plus « mère-veilleuse » des mamans.

28 AVRIL

Maman, tu es mon jardin de bonheur.

29 AVRIL

Merci, maman, d'être mon étoile du Nord.

30 AVRIL

**Maman, avec toi,
même les corvées deviennent
amusantes.**

1 MAI

Maman, notre complicité est une étoile filante de joie.

2 MAI

Maman, tu es mon abri
contre les orages.

3 MAI

Maman, tes bisous ont des superpouvoirs.

4 MAI

« Une mère est celle qui peut remplacer tous les autres mais que personne ne peut remplacer. »

Cardinal Mermillod

5 MAI

Maman, tes leçons de cuisine sont les plus savoureuses.

6 MAI

Maman, tu apportes joie et éclat à chaque célébration.

7 MAI

**Maman, tu es
ma plus belle victoire.**

8 MAI

Maman, tes enseignements sont des pierres précieuses.

9 MAI

Maman, chaque sacrifice que tu as fait est gravé dans mon cœur.

10 MAI

Maman, tes mots d'encouragement sont mon rayon de soleil.

11 MAI

Maman, tu m'as appris à voir le positif.

12 MAI

Maman, ton amour est le meilleur des remèdes.

13 MAI

« Les bras d'une mère sont plus réconfortants que ceux de n'importe qui d'autre. »

Diana Spencer

14 MAI

Maman, ton soutien est ma lumière dans l'obscurité.

15 MAI

Maman, merci d'avoir toujours une oreille attentive.

16 MAI

Maman, ton dévouement est une source d'inspiration.

17 MAI

Maman, tu es mon remède à la mélancolie.

18 MAI

« Maman, tu es la plus belle du monde car tant d'amour inonde tes jolis yeux. »

Henri Salvador

19 MAI

Maman, tu es ma complice dans les fous rires.

20 MAI

Maman, avec toi, je ris ou je pleure, toujours de bon cœur.

21 MAI

Maman, tes enseignements sont mon trésor.

22 MAI

Tu es ma plus belle fierté, maman.

23 MAI

Ta bonté est une lumière dans ma vie, merci, maman.

24 MAI

« Si nous pouvions disposer de l'immortalité, c'est notre mère que, la première, nous rendrions immortelle. »

Philippe Gerfaut

25 MAI

Maman, tu es ma meilleure amie et mon guide.

26 MAI

Maman, ton amour est une couverture de douceur.

27 MAI

Maman, tu es mon sourire de chaque jour.

28 MAI

« La fête des Mères
est la seule fête laïque qui
soit aussi spirituelle. »

Jean Gastaldi

29 MAI

Maman, tu es mon refuge de tendresse.

30 MAI

« Si l'amour est doux comme une fleur, alors ma mère est cette fleur. »

Stevie Wonder

31 MAI

Maman, tu es une magicienne.

1 JUIN

« Le câlin d'une mère est le seul qui apaise les gros chagrins. »

Jean Gastaldi

2 JUIN

Maman, merci d'avoir cru en moi quand j'avais des doutes.

3 JUIN

Maman, tu sais faire de chaque occasion un moment mémorable.

4 JUIN

Merci, maman, de toujours me rappeler ma valeur.

5 JUIN

« Les bras d'une mère sont faits de tendresse et un doux sommeil bénit l'enfant qui s'y abandonne. »

Victor Hugo

6 JUIN

Maman, tu es la clé qui ouvre chaque porte de mon cœur, même celles que je croyais verrouillées.

7 JUIN

Maman, tu as un pouvoir magique : celui de rendre chaque jour spécial.

8 JUIN

Merci, maman, pour chaque mot doux et chaque réconfort.

9 JUIN

Maman, près de toi, je me sens toujours chez moi.

10 JUIN

Tu es le vent sous mes ailes, maman, me portant toujours plus haut, même quand je doute de mes propres forces.

11 JUIN

Maman, tu mets de la couleur dans ma vie.

12 JUIN

Maman, tu as toujours choisi le meilleur pour nous.

13 JUIN

Maman, ton amour est comme un nuage doux qui flotte au-dessus de moi, me protégeant des orages de la vie.

14 JUIN

Maman, tes conseils sont des phares dans ma vie.

15 JUIN

Maman, tu es mon refuge de paix.

16 JUIN

« Une maman, c'est une montagne de compréhension. »

Jean Gastaldi

17 JUIN

Maman, tu donnes sans compter, toujours avec le sourire.

18 JUIN

Maman, comme une rivière tranquille, ta sagesse coule en moi, apportant paix et sérénité à mon esprit agité.

19 JUIN

« À l’oreille de tous les enfants, "maman" est un mot magique. »

Arlene Benedict

20 JUIN

Maman, parfois, les mots ne suffisent pas pour exprimer tout ce que je ressens pour toi, mais sache que tu es tout pour moi.

21 JUIN

Maman, tu es la pièce
qui rend ma vie entière
et parfaite.

22 JUIN

Maman, tu es mon arc-en-ciel après la pluie.

23 JUIN

Maman, ta protection est mon oasis de paix.

24 JUIN

Maman, tes enseignements sont des trésors d'amour.

25 JUIN

Maman, tu m'as longtemps porté·e dans tes bras et, moi, je te porterai pour toujours dans mon cœur.

26 JUIN

Maman, quand je suis perdu·e, je n'ai qu'à penser à toi pour retrouver mon chemin.

27 JUIN

Maman, tu es mon coach de vie, toujours avec des bons conseils.

28 JUIN

« Mère est le nom pour Dieu sur les lèvres et dans les cœurs des petits enfants. »

William Thackeray

29 JUIN

Maman, tu es mon ancrage dans ce monde qui tourne trop vite.

30 JUIN

Maman, ta bienveillance, ton écoute et ton amour ont fait de moi la personne que je suis aujourd'hui.

1 JUILLET

Maman, ton amour est une mélodie qui ne cesse de jouer.

2 JUILLET

Maman, tu es mon bouclier contre les tempêtes.

3 JUILLET

Maman, chaque sourire que tu m'offres est comme un petit rayon de soleil dans ma journée.

4 JUILLET

« Une mère est la meilleure amie que nous ayons, quand les épreuves lourdes et soudaines s'abattent sur nous ; quand l'adversité prend la place de la prospérité ; quand les amis qui se réjouissaient avec nous dans notre soleil nous abandonnent dès que les problèmes surgissent, elle reste près de nous. »

Washington Irving

5 JUILLET

Merci, maman, d'être mon roc et mon refuge.

6 JUILLET

Maman, peu importe où la vie me mène, je sais que ton amour me suivra toujours.

7 JUILLET

« Une mère est un ange qui vous apprend à parler, qui vous apprend à rire, qui vous apprend à aimer ! »

Victor Hugo

8 JUILLET

Maman, tu es la personne qui me connaît mieux que quiconque.

9 JUILLET

Maman, tes mots d'encouragement sont ma source de motivation.

10 JUILLET

L'amour d'une mère prend racine au plus profond de son être et grandit jusqu'à la fin de sa vie.

11 JUILLET

« L'enfant reconnaît sa mère
à son sourire. »

Virgile

12 JUILLET

« Une mère ne meurt jamais car on l'appellera toujours "maman". »

André Lévy

13 JUILLET

Maman, chaque fête est
une cascade de rires
avec toi.

14 JUILLET

Maman, avec toi, je sais que je peux tout affronter, car ton soutien est inébranlable.

15 JUILLET

Maman, tes conseils résonnent toujours en moi.

16 JUILLET

Maman, tes encouragements sont mon élan vers le succès.

17 JUILLET

Maman, je t'aime de tout mon cœur, et je suis fier·ère de tout ce que tu es, chaque jour un peu plus.

18 JUILLET

Maman, grâce à toi, je sais que l'amour ne se mesure pas en grandes promesses, mais dans les petits gestes du quotidien.

19 JUILLET

Maman, tu es la personne qui rend mes journées plus légères, même quand tout semble lourd.

20 JUILLET

« L'amour de la mère est
le seul amour invincible,
éternel comme la naissance. »

André Malraux

21 JUILLET

Maman, notre complicité est un trésor d'amour.

22 JUILLET

Maman, tu es un phare dans la nuit grâce auquel je sais que je ne me perdrai jamais.

23 JUILLET

« J'entends au-dessus de moi dans les cieux les anges qui chantent entre eux. Ils ne peuvent trouver de mot d'amour plus grand que celui-ci : maman. »

Edgar Allan Poe

24 JUILLET

Maman, notre complicité rend chaque jour spécial.

25 JUILLET

Maman, si être mère
était un sport, tu serais
médaille d'or.

26 JUILLET

« Les hommes tiennent le monde. Les mères tiennent l'éternel qui tient le monde et les hommes. »

Christian Bobin

27 JUILLET

Maman, tu m'as appris à croire en moi.

28 JUILLET

Maman, tu es mon poème préféré.

29 JUILLET

Maman, ton soutien est une force inépuisable.

30 JUILLET

Maman, ton amour est le phare qui me guide.

31 JUILLET

« Si jeune que l'on soit, le jour où l'on perd sa mère, on devient vieux tout à coup. »

Alexandre Dumas

1 AOÛT

« L'enfant est l'argile,
la mère est le potier. »

Proverbe tadjik

2 AOÛT

Maman, tu es mon ange gardien.

3 AOÛT

« L'amour de ma mère pour moi était si grand que j'ai travaillé dur pour le justifier. »

Marc Chagall

4 AOÛT

Ta générosité est une inspiration, merci, maman.

5 AOÛT

« Une maman,
c'est celle qui gronde mais
qui pardonne tout. »

Jean Gastaldi

6 AOÛT

Maman, chaque célébration est une symphonie de joie.

7 AOÛT

Maman, tu es comme le Wi-Fi, indispensable et toujours là !

8 AOÛT

« Il n'y a aucune recette
pour devenir une mère parfaite,
mais il y a mille et une façons
d'être une bonne mère. »

Jill Churchill

9 AOÛT

Maman, ta générosité est un cadeau quotidien, merci.

10 AOÛT

Maman, tu es la raison pour laquelle je suis là où je suis aujourd'hui.

11 AOÛT

Maman, tes leçons de compassion sont gravées dans mon cœur.

12 AOÛT

Maman, tu es la voix qui me pousse à aller de l'avant.

13 AOÛT

Maman, ta bienveillance est un trésor, merci.

14 AOÛT

Maman, chaque jour avec toi est une fête.

15 AOÛT

Maman, tu es mon soleil même les jours de pluie.

16 AOÛT

Maman, tes leçons de vie sont mes armes secrètes.

17 AOÛT

Maman, ton amour est plus fort que mon amour pour le chocolat.

18 AOÛT

Merci, maman, d'avoir toujours su quand j'avais besoin d'un câlin.

19 AOÛT

« Il suffit qu'une mère voie sourire son enfant pour être convaincue de la réalité d'une félicité suprême. »

François-René de Chateaubriand

20 AOÛT

Maman, tes leçons de vie me guident chaque jour.

21 AOÛT

Maman, notre complicité rend chaque moment magique.

22 AOÛT

Maman, tu es mon nid de douceur.

23 AOÛT

**À travers tes yeux, maman,
j'ai appris à voir le monde avec
plus de douceur et de patience.**

24 AOÛT

Maman, chaque célébration est plus joyeuse à tes côtés.

25 AOÛT

Maman, avec toi, même un jour de ménage devient une aventure.

26 AOÛT

Maman, tu sais rendre chaque jour spécial et festif.

27 AOÛT

Maman, tu sais transformer les moments ordinaires en fêtes.

28 AOÛT

Maman, les fêtes sont plus chaleureuses grâce à toi.

29 AOÛT

Maman, tu m'as montré l'importance de la famille.

30 AOÛT

Maman, tu fais croître ma confiance.

31 AOÛT

Maman, ton amour est une étoile qui brille dans mon cœur.

1 SEPTEMBRE

Maman, tu es la seule personne qui comprend mon langage secret.

2 SEPTEMBRE

Maman, tes encouragements me donnent des ailes.

3 SEPTEMBRE

**Merci, maman,
d'être mon pilier.**

4 SEPTEMBRE

« La main qui berce l'enfant
est la main qui gouverne
le monde. »

William Ross Wallace

5 SEPTEMBRE

Maman, ton soutien inébranlable me donne confiance chaque jour.

6 SEPTEMBRE

Maman, ton amour est ma plus grande richesse.

7 SEPTEMBRE

Merci, maman, de m'aimer
même dans mes moments
les plus difficiles.

8 SEPTEMBRE

Maman, tu es la raison pour laquelle je crois aux miracles.

9 SEPTEMBRE

« Je compare ma mère aux piliers d'une maison. Sans elle, tout s'écroule. »

Cheb Mami

10 SEPTEMBRE

**Maman, tu es
la douceur incarnée.**

11 SEPTEMBRE

Maman, ton amour est le plus doux des trésors.

12 SEPTEMBRE

Maman, tes encouragements sont mon carburant pour réussir.

13 SEPTEMBRE

Maman, ta protection est mon bouclier de vie.

14 SEPTEMBRE

Ta douceur est un baume pour mon cœur, merci, maman.

15 SEPTEMBRE

Maman, tu sais mettre de la magie dans chaque moment de l'existence.

16 SEPTEMBRE

Maman, tu es mon sanctuaire de tranquillité.

17 SEPTEMBRE

Maman, tu es mon étoile du matin.

18 SEPTEMBRE

Maman, tu es mon alliée la plus fidèle.

19 SEPTEMBRE

Maman, chaque moment passé avec toi est un cadeau que je chéris tendrement.

20 SEPTEMBRE

Maman, ton amour est mon carburant quotidien.

21 SEPTEMBRE

Maman, ton amour infini est le seul capable de traverser les murs et de dépasser les frontières.

22 SEPTEMBRE

Maman, chaque moment passé en ta compagnie me remplit de joie.

23 SEPTEMBRE

Maman, tu m'as appris à rêver grand.

24 SEPTEMBRE

Maman, tu m'as enseigné la patience par ton exemple.

25 SEPTEMBRE

Maman, tu as fait tant de sacrifices pour notre bonheur.

26 SEPTEMBRE

Maman, tes mots sont mon échelle vers le haut.

27 SEPTEMBRE

Maman, je t'aime à l'infini et au-delà !

28 SEPTEMBRE

Maman, tu es la seule personne qui peut me faire aimer les brocolis.

29 SEPTEMBRE

Maman, tu es ma complice dans toutes mes aventures.

30 SEPTEMBRE

« Les diamants éternels sont ceux sertis dans le premier regard d'une mère à son enfant. »

Kheira Chakor

1 OCTOBRE

Maman, tu es ma partenaire dans les aventures de la vie.

2 OCTOBRE

Maman, tu m'as appris à voir la beauté dans tout.

3 OCTOBRE

Maman, je te promets de tout faire pour te rendre fière.

4 OCTOBRE

« Oh ! L'amour d'une mère !
Amour que nul n'oublie !
Chacun en a sa part, et tous l'ont
tout entier ! »

Victor Hugo

5 OCTOBRE

Ton amour, maman,
est un poème sans fin, écrit
dans les cieux et gravé dans
les profondeurs de mon cœur.

6 OCTOBRE

Maman, chaque instant passé avec toi est une éternité d'amour, une rivière tranquille qui coule sans cesse dans mon âme.

7 OCTOBRE

Dans tes bras, je trouve la paix que le monde ne peut offrir, une paix infinie, douce et inaltérable.

8 OCTOBRE

Maman, tu m'as montré comment surmonter les échecs.

9 OCTOBRE

Maman, tu es l'encre de mon histoire, la plume qui trace les pages de mon existence avec des mots d'amour et de sagesse.

10 OCTOBRE

Maman, tu es la mélodie silencieuse de ma vie, un chant doux qui m'accompagne partout, même dans les moments de solitude.

11 OCTOBRE

Maman, tu es la seule personne qui peut me faire sourire après une mauvaise journée.

12 OCTOBRE

Merci, maman, de me pousser
à donner le meilleur
de moi-même.

13 OCTOBRE

Maman, ton amour est ma boussole.

14 OCTOBRE

Merci, maman, de m'avoir toujours dit que je pouvais le faire.

15 OCTOBRE

Maman, tu m'as montré la valeur du travail.

16 OCTOBRE

Merci, maman, d'être toujours là, même quand je doute.

17 OCTOBRE

« Une maman qui vous borde au lit laisse un parfum de sommeil. »

Jean Gastaldi

18 OCTOBRE

Merci, maman, pour chaque câlin et chaque sourire.

19 OCTOBRE

Maman, tu es la seule personne qui peut me réveiller avec un sourire.

20 OCTOBRE

Maman, tu es mon remède contre la mauvaise humeur.

21 OCTOBRE

Maman, plus forte qu'une super-héroïne, tu as le remède à tous mes maux.

22 OCTOBRE

Maman, chaque sourire que tu m'offres est une étoile tombée du ciel, illuminant mon cœur d'une lumière infinie.

23 OCTOBRE

Maman, ton soutien est mon moteur dans les moments difficiles.

24 OCTOBRE

« L'amour d'une mère pour son enfant ne connaît ni loi, ni pitié, ni limite. »

Agatha Christie

25 OCTOBRE

Maman, tu es la personne
qui fait briller chaque journée
de ma vie.

26 OCTOBRE

Maman, merci de toujours être là pour moi, peu importe la situation.

27 OCTOBRE

Maman, tu es mon pilier, mon roc, et je ne te remercierai jamais assez pour tout ce que tu fais.

28 OCTOBRE

**Maman, ton amour est
le plus précieux des cadeaux.**

29 OCTOBRE

Maman, chaque sourire que tu m'offres est un rayon de soleil dans ma vie.

30 OCTOBRE

Maman, tu es mon modèle, mon inspiration et mon guide.

31 OCTOBRE

Maman, avec toi, chaque moment devient spécial, peu importe les circonstances.

1 NOVEMBRE

**Maman, tu as un cœur d'or
et je suis tellement chanceux·se
de t'avoir dans ma vie.**

2 NOVEMBRE

Maman, ton amour me donne la force d'affronter tout ce qui se présente à moi.

3 NOVEMBRE

Maman, tu es plus qu'une mère, tu es ma meilleure amie.

4 NOVEMBRE

Maman, je t'aime plus que les mots ne peuvent le dire, et je te suis éternellement reconnaissant·e pour tout.

5 NOVEMBRE

Tu es la reine de mon cœur,
maman, et tu le seras toujours.

6 NOVEMBRE

Maman, merci de m'avoir appris la patience, l'amour et l'empathie.

7 NOVEMBRE

Aucun mot ne pourra
jamais rendre hommage
à la merveilleuse maman
que tu es.

8 NOVEMBRE

« Tout ce que je suis, tout ce que j'aspire à devenir, je le dois à ma mère, mon ange. »

Abraham Lincoln

9 NOVEMBRE

Maman, tu es la personne qui rend mon monde plus beau, simplement par ta présence.

10 NOVEMBRE

Maman, ton amour est la force qui me pousse à me dépasser chaque jour.

11 NOVEMBRE

Maman, merci d'être mon modèle de douceur, de force et de sagesse.

12 NOVEMBRE

Maman, tu fais de chaque jour une belle aventure, rien qu'en étant toi.

13 NOVEMBRE

Maman, ton amour est un rayon de soleil qui éclaire ma vie, même dans les moments sombres.

14 NOVEMBRE

Maman, ta bienveillance
est la source de ma sérénité.

15 NOVEMBRE

Maman, chaque sourire que tu m'offres est un cadeau que je chéris profondément.

16 NOVEMBRE

Maman, grâce à toi, je suis la personne que je suis aujourd'hui. Merci de m'avoir montré la voie.

17 NOVEMBRE

« L’amour d’une mère, c’est comme l’air : c’est tellement banal qu’on ne le remarque même pas. Jusqu’à ce qu’on en manque. »

Pam Brown

18 NOVEMBRE

Maman, ton soutien inconditionnel est ce qui me permet d'avancer, peu importe les obstacles.

19 NOVEMBRE

Maman, tu es ma meilleure alliée, mon soutien sans faille.

20 NOVEMBRE

« Je veux devoir tout mon bonheur à la tendresse maternelle. »

Alfred de Musset

21 NOVEMBRE

Maman, tu es le plus beau cadeau que la vie m'ait offert.

22 NOVEMBRE

Maman, ta tendresse et ton amour me réchauffent le cœur chaque jour.

23 NOVEMBRE

« La beauté des mères dépasse infiniment la gloire de la nature. »

Christian Bobin

24 NOVEMBRE

Maman, tu es mon héroïne, sans cape, mais avec un amour immense.

25 NOVEMBRE

« L'amour d'une mère ne vieillit pas. »

Proverbe malgache

26 NOVEMBRE

Maman, tu es la personne qui m'as appris ce qu'est l'amour inconditionnel.

27 NOVEMBRE

Maman, merci pour chaque petit geste, chaque attention, qui montre à quel point tu m'aimes.

28 NOVEMBRE

Maman, tu es mon phare, toujours là pour me guider dans les moments de doute.

29 NOVEMBRE

Maman, ton amour me donne des ailes et me pousse à réaliser mes rêves.

30 NOVEMBRE

Maman, ta protection est une couverture chaude.

1 DÉCEMBRE

Maman, chaque sourire,
chaque câlin que tu me donnes
est un vrai trésor.

2 DÉCEMBRE

Maman, tu es la source de ma force et de mon bonheur.

3 DÉCEMBRE

« L'amour maternel est le plus près de la miséricorde divine. »

Robert Charbonneau

4 DÉCEMBRE

Maman, tu es la personne qui rend tout plus simple, plus beau, plus doux.

5 DÉCEMBRE

Maman, ton amour est mon plus grand soutien, celui qui m'accompagne chaque jour.

6 DÉCEMBRE

Maman, merci de m'avoir donné tout ce dont j'avais besoin pour grandir et être heureux·se.

7 DÉCEMBRE

Maman, tu as toujours cru en moi, même lorsque je doutais de moi-même.

8 DÉCEMBRE

Maman, avec toi, chaque instant devient précieux, chaque moment devient un souvenir magique.

9 DÉCEMBRE

Maman, tu es la raison pour laquelle je me sens en sécurité et aimé·e à chaque instant.

10 DÉCEMBRE

« On aime sa mère presque sans le savoir, et on ne s'aperçoit de toute la profondeur des racines de cet amour qu'au moment de la séparation dernière. »

Guy de Maupassant

11 DÉCEMBRE

Maman, ton amour me porte et me protège chaque jour.

12 DÉCEMBRE

Maman, merci d'être
la personne qui rend chaque jour
plus lumineux, juste par
ta présence.

13 DÉCEMBRE

Maman, tu as toujours su comment rendre les moments simples extraordinaires.

14 DÉCEMBRE

Maman, tu es mon refuge, mon endroit sûr, et je suis si chanceux·se de t'avoir.

15 DÉCEMBRE

Maman, ton amour me donne la force de relever tous les défis qui se présentent à moi.

16 DÉCEMBRE

Maman, merci de me soutenir dans tout ce que je fais, avec tant de patience et d'amour.

17 DÉCEMBRE

Maman, tu es celle qui rend mon monde plus beau et plus chaleureux.

18 DÉCEMBRE

Maman, grâce à toi, j'ai appris que l'amour ne connaît aucune limite ni condition.

19 DÉCEMBRE

Maman, tu es mon meilleur souvenir, chaque jour avec toi est une bénédiction.

20 DÉCEMBRE

Maman, tu es la source de tout mon bonheur, de toute ma paix intérieure.

21 DÉCEMBRE

Maman, merci pour toutes les petites choses que tu fais et qui rendent chaque jour spécial.

22 DÉCEMBRE

Maman, tu es mon guide, ma force tranquille dans les moments difficiles.

23 DÉCEMBRE

Maman, grâce à toi, j'ai découvert ce que signifie l'amour véritable, pur et inébranlable.

24 DÉCEMBRE

Maman, chaque instant passé avec toi est un cadeau précieux que je garde dans mon cœur.

25 DÉCEMBRE

« Que ne te dois-je point ? Ô mère tant chérie, tu me donnas le jour, me nourris de ton lait et je ne dois la vie qu'à ton prudent amour. »

Victor Hugo

26 DÉCEMBRE

Maman, ton amour est un jardin secret, où chaque geste est une fleur qui épanouit mon cœur.

27 DÉCEMBRE

Maman, dans chaque souffle de vent, je sens ton amour m'envelopper comme un doux manteau de tendresse.

28 DÉCEMBRE

Maman, ton amour est une mélodie douce, qui berce mon âme et illumine mes rêves.

29 DÉCEMBRE

Maman, tu es la lumière de mon ciel, celle qui éclaire mes jours sombres et guide mes pas.

30 DÉCEMBRE

**Maman, dans tes bras,
je trouve l'éternité, un lieu où
le temps suspend son vol et
où l'amour ne faiblit jamais.**

31 DÉCEMBRE